# El sueño del inca

Francisco Hernández Salmerón

Edi
numen

ISBN: 978-84-9848-810-4
ISBN con CD: 978-84-9848-811-1
Depósito Legal: M-25227-2017
Impreso en España
*Printed in Spain*
Coordinación colección:
Pedro Tena Tena

Ilustraciones:
Carlos Casado

Diseño y maquetación:
Carlos Casado

Impresión:
Gráficas Glodami. Coslada (Madrid)

Editorial Edinumen
José Celestino Mutis, 4. 28028 - Madrid
Teléfono: 91 308 51 42
Fax: 91 319 93 09
e-mail: edinumen@edinumen.es
www.edinumen.es

# El sueño del inca

Este libro es de...

Nombre..........................................................

Apellido(s)....................................................

Dirección.......................................................

..........................................................................

País ..............................................................

Edi numen

# Índice:

Actividades: antes de la lectura ..... 5

Capítulo primero.
Llegada a Cuzco ..... 11

Capítulo segundo.
Las doncellas del Sol ..... 15

Capítulo tercero.
El mercado ..... 21

Capítulo cuarto.
El amauta y el mito del origen ..... 27

Capítulo quinto.
Colcampata y las profecías ..... 33

Capítulo sexto.
El templo del Sol ..... 37

Capítulo séptimo.
El sacrificio ..... 45

Actividades: después de la lectura ..... 55

Solucionario ..... 59

Glosario ..... 63

# Actividades:
## antes de la lectura

**1.** Nuestra aventura sucede en Cuzco, la antigua capital del Imperio inca, antes llamado "Tahuantinsuyo". **Fue** un gran imperio americano. **Estaba** dividido en cuatro partes. ¿Sabes qué países ocupan ahora el territorio del antiguo Imperio inca? **Mira** el mapa y **márcalos** con una X.

Argentina / Bolivia / Chile / Colombia / Costa Rica / Cuba / Ecuador / El Salvador / Guatemala / Honduras / México / Nicaragua / Panamá / Paraguay / Perú / Puerto Rico / República Dominicana / Uruguay / Venezuela

**2.** Seguro que conoces muchas informaciones sobre esta maravillosa **geografía**. ¿Me ayudas a relacionar las imágenes con sus nombres correspondientes? **Únelas** con una flecha.

1. Quipu
2. Lago Titicaca
3. Cebiche
4. Chirimoya
5. Machu Picchu
6. Llama

a.

b.

c.

d.

e.

f.

**3.** Vamos a conocer un poco más la **historia** que cuenta la fundación de la ciudad de Cuzco. ¿Puedes ordenar las imágenes?

**a.** El dios más poderoso, Con Tici Viracocha, **creó** el mundo y los primeros hombres en un gran lago, el lago Titicaca.

**b.** Cuatro hermanos y cuatro hermanas, creados por Viracocha, **salieron** de una gran cueva, Pacaritambo, situada a unos 35 kilómetros de Cuzco.

**c.** Los cuatro hermanos, Manco, Auca, Cachi y Uchu, y sus esposas, aquellas cuatro hermanas primeras, **salieron** para descubrir una tierra más fértil que aquella en que **vivían**, siguiendo el consejo del dios Viracocha.

**d.** Después de caminar hacia el noroeste, **entraron** por el monte Huanacaure al valle en donde Cuzco **fue** fundada.

**e.** Cuando **llegaron** al lugar del futuro Cuzco, Manco Cápac, uno de los cuatro hermanos, **puso** una varita de unos 70 centímetros en el suelo y esta **desapareció** completamente. **Era** el signo de que aquel **era** el lugar aconsejado por su dios Viracocha.

**f.** En el lugar de Cuzco, ya **había** una pequeña aldea habitada por personas de otro origen cultural, con las que **crearon** una nueva civilización, el Imperio inca. **Construyeron** edificaciones tan espectaculares como la de Machu Picchu.

**4.** Estos alimentos ya **existían** en el Imperio inca. ¿Me ayudas a relacionar su nombre con la imagen correcta? **Únelos** con una flecha.

1. Maíz
2. Tomate
3. Maguey
4. Chirimoya
5. Piña
6. Plátano
7. Papaya
8. Quinua
9. Pimiento, ají o chile
10. Papa

a.

b.

c.

d.

e.

f.

g.

h.

i.

j.

## Capítulo primero
# Llegada a Cuzco

¡Hola! Me llamo Rosita y estoy supercontenta. Este año he sido muy buena estudiante y mis padres me han hecho un regalo fabuloso: una visita a Perú.

Esta mañana mi madre y yo hemos llegado a Cuzco. Hemos venido para visitar a mi padre, que es arqueólogo y trabaja en una excavación a las afueras de la ciudad.

Tengo ocho años y, como podéis adivinar, me encanta la Historia. Desde pequeña, me han entusiasmado los dibujos y fotografías del Imperio inca, que he encontrado en los libros que hay en el estudio de mi padre. Son maravillosos. Por ejemplo, el escudo de la ciudad de Cuzco. Mi hermano Javi dice que es muy gracioso, porque parece una persona en la playa con pendientes y gafas de sol. Yo digo que no entiende nada, pero no me enfado.

Ayer por la tarde salimos de Ávila, en España, y llegamos al aeropuerto muy pronto. Mi abuelo Pedro conduce fenomenal. Mi abuela María siempre le recuerda que tiene que mirar bien la carretera.

–Ten cuidado, Pedro. Mira la carretera, Pedro. Conduce despacio, Pedro. Pon mucha atención a las señales de tráfico, Pedro–. Yo los miro y sonrío. Creo que mi abuelo tiene una paciencia enooooooooooooooooooooooooorme.

Por fin, mi madre y yo hemos llegado hace unos minutos a la casa. Hemos dejado nuestro equipaje, y Juanita, la mujer de Emilio, el amigo de mi padre, nos ha ofrecido una limonada y unas ricas chirimoyas. Juanita es muy guapa y simpática… y siempre tiene una sonrisa cuando está con nosotras. Es una mujer muy alegre.

–Tú eres Rosita, ¿verdad? Tu padre me **ha hablado** mucho de ti.

Ahora vamos a descansar. El viaje **ha sido** emocionante, pero un poco largo. Estoy deseando llegar a las **excavaciones incas** y ver a mi padre.

–¡Qué sueño tengo! Me duermo… Me duer… Me… ............................................................

............................................................................

............................................................................

............................................................................

# Capítulo segundo
# Las doncellas del Sol

Cuando Rosita despertó, escuchó la voz de su madre que la llamaba con otro nombre.

–¡Sisay*[1], despierta! ¡Sisay, por favor, levántate! ¡No quiero llegar tarde! –decía su madre.

Rosita abrió los ojos y vio el techo de madera y paja que cubría la habitación. Amanecía. La luz del sol entraba por una pequeña ventana e iluminaba el suelo y las paredes con un inmenso color amarillo.

– ¿Dónde estoy? –pensó Rosita.

[1] Las palabras marcadas con * están recogidas en el **Glosario**, que se encuentra al final del libro.

–¿Estás bien? –**preguntó** su madre, mientras **entraba** a la habitación.

–¿¡¡¡Mamá!!!? –**gritó** Rosita–. ¿Qué pasa? ¿Por qué vas vestida de esa manera? ¿Dónde estamos?

La madre de Rosita **llevaba** una ropa diferente.

–**Sisay**, ya **hablamos** ayer y te **dije** todo lo que **querías** saber.

–¡**Illari Sisa***! –**dijo** Juanita entrando en la habitación–. ¡Hoy es vuestro gran día, hijas mías! **Nina*** y **Sisay**, vais a ser las más guapas de la ceremonia.

...Y luego preguntando a la madre de Rosita:

–**Kuyay***, ¿lo tienes todo preparado?

–Sí, por supuesto –**contestó** la madre.

Juanita **vestía** como ella. La **acompañaba** una niña que **debía** de tener más o menos la edad de Rosita. Las tres **llevaban** el pelo muy largo y liso.

Rosita pensó que todo era una sorpresa para su padre o, quizás, era parte de una fiesta popular. Se levantó y se vistió tal como su madre le dijo.

Cuando salieron de la habitación, Rosita miró todo con sorpresa. Aquella casa no era la casa de Juanita.

–¿Qué te pasa, Sisay? –preguntó Nina en voz baja.

–¿Por qué me llamas "Sisay"? ¿Quién eres tú? ¿Adónde vamos con estos vestidos?

Nina la miró extrañada.

–¿Por qué me preguntas eso? Somos amigas desde siempre y hoy vamos a Aqllawasi* para ser doncellas del Sol. ¿No lo recuerdas?

Rosita miró a las tres mujeres. No comprendía nada. De repente, sintió terror y empezó a correr hacia la puerta exterior de la casa.

# Capítulo tercero
# El mercado

Cuando salió de la casa, Sami*, el hermano mayor de Nina, la llamó:

–¡Aklla Sisa*!

Sami las esperaba desde hacía unos minutos, pero ella continuó corriendo en dirección a ninguna parte. Al verla de este modo, Sami corrió tras ella y la alcanzó en mitad de la calle.

–¡Sisay!, ¿adónde vas? ¿Qué te pasa?

–¡Suéltame! ¿Quién eres tú? ¡Quiero ir con mi padre!

Sami la miró con extrañeza.

–Ven, yo sé dónde está.

De repente, ella se calmó. Lo miró y le preguntó:

–¿Seguro?

–Claro. Está con mi padre: hoy es el día de la mita*, el trabajo colectivo. Por eso, no puede acompañarnos; pero no te preocupes, podemos ir a verlo antes de la ceremonia.

–¡Vamos!

Empezaron a andar y, rápidamente, se mezclaron con la gente que iba y venía por la calle cargada de frutas, hortalizas, semillas y otros productos de todos los colores.

Al poco tiempo, giraron a la izquierda por una calle estrecha que salía a una plaza en donde había un mercado. Sami la tomó de la mano y la llevó hasta una esquina.

– A ver, cuéntame, ¿qué te pasa?

Ella permaneció en silencio unos instantes, un poco asustada por aquella actitud de Sami.

–Me llamo Rosita. Mi madre y yo no somos de aquí y no sé qué está pasando.

Sami la observó con interés y la consoló diciéndole:

–Tranquila, Rosita, yo tampoco me llamo Sami y mi hermana tampoco se llama Nina. Yo me llamo Huallpa, soy el auqui* Huallpa Túpac, y ella se llama Chimpu, la ñusta* Chimpu Ocllo, pero no nos gustan nuestros nombres y decidimos cambiarlos hace pocas lunas. Es como un juego y a nuestros padres no les importa. ¿A ti no te gusta Sisay?

Ella levantó la cara.

–Sisay es un nombre bonito –dijo ella.

– Los primeros días en la ciudad son difíciles para todos los mítmac*, los extranjeros que venís a vivir en ella. Ahora vamos a conocerla un poco y a buscar a tu padre.

Entraron en la plaza y la cruzaron mirando con curiosidad los puestos y los productos que vendían allí: papas de todos los colores, maíz, tomates, maguey, chirimoyas, piñas, plátanos, papayas, quinua, pimientos, ajíes o chiles, miel y hasta perdices, patos, ranas y caracoles, traídos de todas las partes del imperio.

–¡Cuánta gente!

–¿Por qué te extrañas? –**preguntó** **Sami**–. Estamos en **Cuzco***, **el ombligo del mundo, la ciudad del Sol**. Aquí vienen gentes de todo el **Tahuantinsuyo***, como tú.

Al doblar una esquina, **escucharon** una voz rítmica que **decía**:

–El rey de las estrellas y padre nuestro, el Sol…

**Sami** le **cogió** la mano y la **llevó** a la casa de donde **venía** esa especie de **oración**.

–**Ven**, **vamos**.

## Capítulo cuarto

# El amauta* y el mito del origen

Entraron en una pequeña sala. La casa era oscura. Avanzaron un poco más, siguiendo el sonido de aquella voz masculina con su tono melodioso.

–Tengo frío –le dijo a Sami.

Llegaron a la entrada de la sala de donde venía la voz y miraron entre las cortinas para no ser vistos desde dentro. Sentados en el suelo, había unos veinte chicos de la edad de Sami. Todos miraban a un hombre mayor que hablaba con los brazos en alto.

–Los primeros hombres –**decía** el **amauta***– **fueron** cuatro hermanos y sus mujeres, creados por nuestro **dios Viracocha** en el lago **Titicaca**, que significa, "**sierra de plomo**". **Salieron** de una gran cueva, **Pacaritambo**, "la casa original".

–**Vámonos** –**dijo Sami**.

–¿Por qué? Es una historia muy interesante.

–Sí, pero tenemos que encontrar a tu padre, ¿recuerdas? Si quieres, te puedo contar la historia por el camino.

–Vale –respondió ella, mientras iban hacia la salida.

Ya en la calle, vieron a un chico que recogía del suelo unas mazorcas de maíz.

–¿Qué te ha pasado? –dijo Sami.

–Una llama me empujó. –contestó el chico.

–¿Una llama? –se extrañó Sami.

–Sí. Unos niños jugaban con ella y, al escapar de ellos, chocó conmigo… y mira lo que me ha pasado. Mis padres me esperan para vestir a la Zaramama* y ahora no sé qué decirles.

–Diles la verdad. Seguro que no se enfadan contigo.

El chico y Sami terminaron de recoger el maíz y se despidieron con un abrazo.

–¿Qué casa era aquella? ¿De qué hablaba ese hombre? –preguntó ella mientras él volvía a su lado–. ¿Y qué es la Zaramama?

Sami la miró un poco extrañado y le explicó que aquella casa era una escuela y que los chicos estaban en su cuarto año de estudios y en aquella sesión estudiaban la Historia y las tradiciones del imperio. Aquellos cuatro hombres con sus mujeres –continuó contándole Sami–, creados por Viracocha, se llamaban Manco, Auca, Cachi y Uchu, y querían una tierra más fértil que aquella donde nacieron. Después de mucho caminar, cuando llegaron al lugar donde ahora está Cuzco, Manco puso en el suelo una varita de oro de unos setenta centímetros y esta desapareció completamente. Era la señal de que allí debía fundar la ciudad del Sol, según les pronosticó el dios Viracocha antes de su partida.

–¡Mira! –exclamó él de pronto–. Ya estamos llegando a la cabeza del puma.

–¿A la cabeza del puma? –preguntó ella extrañada–. No entiendo nada.

–Sí. ¿No lo sabías? Cuzco tiene forma de puma, y adonde vamos a buscar a tu padre está cerca del barrio Colcampata, un poco antes de la fortaleza.

–¿Y dices que mi padre está allí?

–Espero que sí. Nuestros padres son los que dirigen las obras. ¿Ya no quieres saber qué es la Zaramama?

Ella le sonrió. Miró hacia la elevación que tenían ante ellos y se tranquilizó pensando que pronto iba a ver a su padre.

# Capítulo quinto

# Colcampata y las profecías

Venga, dímelo.

–La Zaramama es la madre del maíz. Nos ayuda a tener buenas cosechas y protege nuestro maíz de los malos espíritus. Cada familia tiene un lugar especial, la pirua*, donde guardan una pequeña figura, la Zaramama, hecha con mazorcas de maíz y vestida como una mujer normal.

–¿Como una muñeca? –preguntó ella.

–¿Una muñeca? ¿Qué es una muñeca?

–¡Oh, olvídalo! ¿Sabes si falta mucho para llegar?

–No, ya estamos en Colcampata. Ven, subamos allí… Colcampata es el barrio del Sapa Inca*. Aquí se cultiva todo lo necesario para nuestro rey. Más arriba está la fortaleza de Sacsahuamán*, que es impresionante.

Aquella mañana, había mucho movimiento en las terrazas. Nadie parecía trabajar la tierra. Todos los hombres hablaban entre sí y tenían cara de asustados. Alejado del grupo, había un hombre alto y fuerte. Cuando Sami lo vio, exclamó:

–Es Cusi* Huallpa, mi tío. Vamos, él debe de saber dónde está tu padre.

Los dos niños fueron hacia aquel hombre y le preguntaron.

–No está por aquí –contestó él–. Hoy ha pasado algo terrible. Illapa* ha caído en una de las habitaciones de palacio.

Vuestros padres y todos los Tumi Pampa* han abandonado su trabajo y han ido al templo del Sol. Nuestro rey, el Inca, nuestro señor Huayna Cápac, los ha llamado a su presencia. Yo...

Nada más oír estas palabras, ellos empezaron a caminar dando la espalda al tío de Sami. Luego el chico miró a su tío y le dijo, gritando para ser oído:

–¡Gracias, tío Huallpa!

Sami le contó a su amiga que aquella era una muy mala noticia.

–¿Por qué? –preguntó ella.

–Cuando un rayo cae en un lugar –le explicó él–, a partir de aquel momento ese lugar es maldito. Es terrible.

–¿Y qué va a pasar ahora?

–No lo sé. Es la primera vez que pasa en la casa del rey, pero es una mala noticia. El dios Sol quiere decirnos algo.

# Capítulo sexto
# El templo del Sol

Llevaban unos minutos caminando, cuando llegaron a una pequeña plaza. En uno de sus lados, vieron un muro muy alto. En la parte más alta de aquella construcción de piedra había una especie de lazo dorado muy, muy, muy brillante, porque aquella mañana se reflejaban con mucha intensidad los rayos del sol.

Se acercaron a la puerta entre una multitud que iba y venía con mucha seriedad y disciplina.

Delante de ellos, en el centro de la plaza, había dos torres iguales, muy altas y llenas de símbolos extraños para ella.

–Un momento –dijo Sami–. Tú no puedes entrar en el templo del Sol.

–¿Cómo? ¿Por qué?

–Es que las mujeres tienen prohibida la entrada.

Ella lo miró muy sorprendida y salió corriendo hacia la puerta.

–¡Sisay!

Sami permaneció unos instantes en el mismo lugar sin saber qué hacer. El templo parecía ocupado por el Inca y su séquito, quizás para pedir consejo al gran sacerdote sobre lo que debía hacer, y él no tenía permiso para entrar en ocasiones como aquella. "Tengo que ayudar a Sisay" –se dijo–. "Eso es lo que importa ahora".

Para su pueblo, el rayo era una señal de que su padre, el Sol, no estaba contento. ¿Podía ser un castigo para el Inca por mirarlo directamente en la última Inti Raimi*, la fiesta mayor que todos celebraban en honor del Sol a comienzos del verano? ¿Era porque la corte y la familia real vivían fuera de Cuzco, la ciudad sagrada del Sol, desde hacía algunos años?

Con estos pensamientos, Sami llegó frente a la puerta del templo. Estaba intranquilo sin Sisay.

Mientras, ella, pocos segundos después de separarse de Sami, dejó de correr, y vio la gran puerta del templo. Miró la gran confusión que había entre los guardias y unos pastores de llamas que llevaban sus animales al templo para honrar al Sol. Hablaban y discutían. Y Rosita decidió entrar en el templo, aprovechando que nadie le prestaba atención entre tanto ruido.

Al entrar, sintió frío en los pies, en las manos y en la cara, y le pareció que se despertaban de nuevo sus fuerzas. Vio que había un largo pasillo donde se abrían varias puertas.

–¿Papá?

Sin dudar, se dirigió en silencio hacia la primera habitación y asomó su pequeña cabecita por la gran abertura que daba a la sala. Era una estancia muy poco iluminada y no veía muy bien qué había dentro.

–¿Papá?

Nadie contestó.

–¿Papá?

Pero nadie contestó.

En aquella sala, parecía que no había nadie, así que decidió buscar en las otras salas. Se acercó a la segunda y tampoco encontró a nadie. Más adelante, vio cómo un hombre se arrodillaba y levantaba los brazos y la cara hacia el techo de fina paja. De repente, el hombre comenzó a hablar:

–Maypi cangui, maypi cangui, yaya...*

Al mirar a aquel hombre que parecía rezar, se fijó en unas figuras sentadas a lo largo de la pared, pero no veía muy bien. Miró con más atención una de ellas y se dio cuenta de que... ¡¡¡ERAN MOMIAS!!!

Se asustó y dio un pequeño grito que alertó al hombre que rezaba. Al ver que la observaba, corrió hacia el final del pasillo, en donde vio una salida al aire libre. Cuando llegó a aquel patio, se paró. ¿Qué era todo aquello? ¿Qué lugar era realmente aquel templo del Sol? Delante de ella, había un gran jardín lleno de figuras de hierbas, de flores, de arbustos, de árboles, de animales, de pájaros, de reptiles, de seres humanos en miniatura, de largos tallos de maíz y grupos de llamas diminutas con sus pequeñas crías… ¡¡¡Y todo resplandecía como el oro!!! ¿Era aquel el jardín del Sol?

Cuando quiso entrar en aquella maravilla para tocar alguna de las figuras, sintió una mano enorme y fuerte en el hombro. Ella se asustó y se quedó paralizada.

–¿Adónde vas, pequeña?

No sabía qué contestar. Aquella voz era la misma que la del hombre que un momento antes rezaba. Ella intentó girarse y la mano la soltó de repente. Al darse la vuelta, dijo:

–No lo sé. Estoy buscando a mi padre.

–Yo también intento hablar con él, pero no quiere escucharme.

–¿Con mi padre? –**preguntó** ella **sorprendida**.

–No, con el mío.

Aquel hombre **era** alto y fuerte y **llevaba** sobre su **túnica** un **cinturón de plumas** de varios colores. Ella **recordó** lo que una vez le **dijo** su padre al ver unos dibujos de antiguos **incas**: "Mira, Rosita, algunos dicen que **las plumas** las **llevaban** para protegerse de los demonios".

–¿Tienes miedo? –**preguntó** ella.

–¿Miedo yo? ¿Por qué?

–Por las **plumas**. Son para protegerte, ¿verdad?

El **Inca** guardó silencio un momento y **dijo**:

–... Hoy es un día de fiesta para ti.

–No. Yo solo quiero encontrar a mi padre –replicó ella.

–Hágase lo que pides, hija. Huayna Cápac nunca ha negado un buen deseo a una persona.

Y diciendo estas palabras, el gran Inca, pensativo, entró en el jardín con paso lento. Ella lo observó un instante y volvió a entrar en el templo. Primero, pensó, tenía que salir de allí, encontrar a Sami en la plaza y seguir buscando a su padre.

# Capítulo séptimo
# El sacrificio

En la puerta del Coricancha*, el templo del Sol, los guardias hablaban entre sí. En la plaza, la gente continuaba sus idas y venidas.

–Estás aquí –dijo una voz.

Ella se volvió un poco asustada y vio a su fiel acompañante.

–¡Sami, eres tú! Te estaba buscando. Pensaba que ya estabas lejos de aquí.

Él sonrió un momento y le preguntó:

–¿Has encontrado a tu padre?

–No, pero he conocido a Huayna Cápac. Es una persona importante y buena, ¿verdad?

Sami la miró sorprendido.

–¿Estás hablando en serio? ¿Has visto al gran Inca, nuestro señor?

Y, de repente, como recordando una misión de gran importancia, le ordenó:

–¡Vámonos! ¡Ya es hora de terminar con esta búsqueda!

Ella lo siguió casi sin resistencia. Estaba cansada de andar por aquella ciudad que no conocía. Después de unos minutos caminando por la calle que llevaba a la casa de las doncellas del Sol, Aqllawasi*, ella se rebeló.

–¡Ya está bien! ¿Adónde me llevas? ¿Y por qué me agarras con tanta fuerza? ¡Me haces daño!

Él se quedó observándola durante un segundo. Por fin, le dijo:

–Es hora de ir a la casa de las doncellas del Sol. Nuestras madres deben de estar allí. Hoy es la fecha esperada, Sisay, y no podemos faltar.

–La fecha de qué, Sami. ¿Por qué nadie me explica qué está pasando? ¿Por qué mi padre no está con nosotros?

Sami la miró de nuevo.

–Ven, vamos a un lugar más tranquilo.

Él se sentó en el suelo y ella lo imitó. En ese momento pensó en la limpieza de aquella extraña ciudad, en el chico que recogía el maíz recién caído al suelo, en el mercado con las mercancías expuestas con gran cuidado, en el respeto de las gentes al caminar por aquellas calles. ¡Qué diferencia con las ciudades modernas que ella recordaba!

–Sisay, el gran Inca, nuestro señor, a quien has conocido en el templo del Sol, está enfermo.

Ella permaneció en silencio y Sami prosiguió.

–En casa, mis padres dicen que los guardias de la costa más lejana, al norte, en Chinchaysuyo han visto a unos extraños hombres con barba que vienen del mar sobre grandes casas flotantes. El gran Inca, nuestro señor, no puede defendernos, porque su padre, el Sol, lo ha castigado con una enfermedad desconocida. Algunos creen que los nuevos hombres son nuestro dios Viracocha*, que vuelve para anunciar el fin de nuestro imperio, según nos dicen nuestros mitos y nuestras tradiciones. También piensan que trae esta nueva enfermedad para acabar con el gran Inca y nuestro pueblo. ¿Entiendes por qué mi hermana y tú sois tan importantes?

–No –contestó ella–. ¿Qué pueden hacer dos niñas como nosotras si todo está tan mal?

–Podéis darle vuestra fuerza a nuestro señor, el gran Inca, y así él puede volver a la costa para enfrentarse a los invasores.

–¿Cómo? ¿Cómo podemos dos niñas devolverle la salud y la fuerza a un rey?

Sami la miró y bajó los ojos.

–Con vuestro sacrificio, mi querida Sisay –

Sami respiró cansado–. Mi hermana y tú vais a ser sacrificadas para devolverle la salud a nuestro gran Inca, Huayna Cápac, el hijo del Sol.

Ella se asustó.

–¿Te has vuelto loco?

Se quedó como de piedra, sin poder moverse. Sintió un gran vacío en su interior, el mundo desaparecía a su alrededor. ¡¡¡Ser sacrificada!!!

–Tranquila, Sisay. Nuestro pueblo, en las grandes ocasiones, siempre ha conservado su fuerza gracias a los sacrificios: en una guerra importante, en una catástrofe o en una grave enfermedad del gran Inca. Ahora, vosotras vais a salvar al gran Inca y a nuestro pueblo. Vais a ser el orgullo de nuestras familias, por eso nuestras madres estaban tan contentas esta mañana, porque sus hijas son las elegidas como las salvadoras de nuestro gran Imperio inca.

–¡¡¡No es posible!!! –ella se levantó y corrió calle arriba entre la gente.

—¡**Sisay**!

Cuando **llegó** al final de la calle, **se apoyó**, cansada, en la esquina. **Miró** a su alrededor. La gente **iba** y **venía** sin prestarle atención y ella **decidió** esconderse y descansar un poco. **Estaba** realmente fatigada. **Se sentó** en el suelo abrazando sus piernas con fuerza. Y ocultando su cara en sus rodillas, **se quedó** dormida. Dormida… Dormi… Dor… ..............................

Y **despertó**.

–¡¡¡No!!!

El grito de Rosita suena en toda la habitación con gran fuerza.

–Hija mía, ¿qué te pasa? –le pregunta su madre, acercándose un poco más hacia ella.

Rosita abre los ojos, y al ver a su madre tan cerca, le grita de nuevo:

–¡**Déjame**, no quiero ir!

Su madre le sonríe y le dice:

–Hija, **estábamos** preocupadas. **Has tenido** fiebre y un sueño muy profundo y **hablabas** sola diciendo no sé qué de un **sacrificio**…

Rosita mira de nuevo a su madre. Lleva su ropa habitual, tal como ella la **recordaba** de su viaje de **Ávila**, en España, a **Cuzco**. Curiosa, pero intranquila todavía, mira a su alrededor y ve a Juanita al otro lado de la cama y a dos niños.

–¿Sami? –pregunta ella mirando a los chicos– ¿Nina?

–Estos son mis hijos, Rosita. Mi hijo mayor se llama Félix y mi hija, que tiene los mismos años que tú, se llama Isabel. Seguro que vais a ser grandes amigos.

Una voz en el pasillo sorprende, de pronto, a todos:

–¿Dónde está la coya* de mi corazón?

Es la voz de su padre.

Félix, el chico, la mira y, guiñándole un ojo y sonriéndole, le dice:

–Bueno, Rosita, bienvenida a Cuzco.

–Muchas gracias. Tengo muchas ganas de conocer todo sobre los incas..., pero llámame Sisay, es mi nuevo nombre inca. Significa 'flor'. ¿Lo sabías? –le pregunta ella sonriendo.

# *Actividades:* después de la lectura

**1.** **Escribe** un resumen contando la historia de Rosita-Sisay que **has leído** en este libro. **Utiliza** unas cien palabras.

**2.** En esta sopa de letras se esconden los siguientes nombres relacionados con la lectura. ¿Me ayudas a encontrarlos?

AQLLAWASI • AUQUI • CORICANCHA • COYA
CUZCO • INCA • MANCO • QUIPU • SISAY
ÑUSTA • TAHUANTINSUYO • VIRACOCHA

| O | D | X | N | C | K | X | Y | O | Ñ |
|---|---|---|---|---|---|---|---|---|---|
| Q | C | Z | L | H | S | K | N | Y | L |
| A | Y | O | C | Z | U | C | A | U | A |
| W | L | C | G | O | N | O | H | S | H |
| P | L | K | K | Y | P | C | C | N | C |
| R | A | U | Ñ | E | A | N | O | I | N |
| E | M | I | U | Q | U | A | C | T | A |
| W | A | Y | M | D | E | M | A | N | C |
| Z | R | E | Y | F | Ñ | Q | R | A | I |
| M | S | O | G | A | U | X | I | U | R |
| K | D | X | P | I | S | O | V | H | O |
| R | C | G | P | I | T | I | L | A | C |
| S | F | U | X | N | A | Y | S | T | Z |
| E | R | G | K | C | D | S | C | G | Y |
| I | S | A | W | A | L | L | Q | A | Ñ |

**3. Completa** el siguiente crucigrama con la ayuda del glosario quechua-español que se encuentra al final del libro.

1. Literalmente "rey" en quechua.
2. Reina o emperatriz en quechua.
3. Infante o hijo segundo de los reyes incas.
4. Doncella inca de sangre real.
5. Nombre de la capital del Imperio inca.
6. Nombre del mítico fundador de Cuzco.
7. Nombre del dios creador de los incas.
8. Nombre dado al templo dedicado al dios Sol.
9. La casa de las doncellas del Sol.
10. Nombre inca de la protagonista, que significa "flor".

| | | | | | | | | | | |
|---|---|---|---|---|---|---|---|---|---|---|
| 1. | ☐ | ☐ | ☐ | ☐ | | | | | | |
| | | | 2. | ☐ | ☐ | ☐ | ☐ | | | |
| | | | | | 3. | ☐ | ☐ | ☐ | ☐ | ☐ |
| 4. | ☐ | ☐ | ☐ | ☐ | ☐ | | | | | |
| | | | | | 5. | ☐ | ☐ | ☐ | ☐ | ☐ |
| 6. | ☐ | ☐ | ☐ | ☐ | ☐ | | | | | |
| | 7. | ☐ | ☐ | ☐ | ☐ | ☐ | ☐ | ☐ | ☐ | ☐ |
| 8. | ☐ | ☐ | ☐ | ☐ | ☐ | ☐ | ☐ | ☐ | ☐ | ☐ |
| 9. | ☐ | ☐ | ☐ | ☐ | ☐ | ☐ | ☐ | ☐ | ☐ | ☐ |
| | | | 10. | ☐ | ☐ | ☐ | ☐ | ☐ | | |

# *El sueño del inca*

## Solucionario

## *Actividades:* antes de la lectura

**1.**

**2.** **a** **Lago Titicaca.** **b** **Llama.** **c** **Machu Picchu.** **d** **Quipu.** **e** **Chirimoya.** **f** **Ceviche.**

**3.**

# 4.

a.

Piña

b.

Tomate

c.

Maguey

d.

Maíz

e.

Chirimoya

f.

Pimiento, ají o chile

g.

Papaya

h.

Plátano

i.

Quinua

j.

Papa

## *Actividades:* después de la lectura

## 2.

| | | | | | | | | | |
|---|---|---|---|---|---|---|---|---|---|
| O | D | X | N | C | K | X | Y | O | Ñ |
| Q | C | Z | L | H | S | K | N | Y | L |
| A | Y | O | C | Z | U | C | A | U | A |
| W | L | C | G | O | N | O | H | S | H |
| P | L | K | K | Y | P | C | C | N | C |
| R | A | U | Ñ | E | A | N | O | I | N |
| E | M | I | U | Q | U | A | C | T | A |
| W | A | Y | M | D | E | M | A | N | C |
| Z | R | E | Y | F | Ñ | Q | R | A | I |
| M | S | O | G | A | U | X | I | U | R |
| K | D | X | P | I | S | O | V | H | O |
| R | C | G | P | I | T | I | L | A | C |
| S | F | U | X | N | A | Y | S | T | Z |
| E | R | G | K | C | D | S | C | G | Y |
| I | S | A | W | A | L | L | Q | A | Ñ |

## 3.

1. inca
2. coya
3. auqui
4. ñusta
5. cuzco
6. manco
7. viracocha
8. coricancha
9. aqllahuasi
10. sisay

# Glosario quechua-español

## A

**AKLLA SISA:** Literalmente "flor escogida". Esta expresión es utilizada en el libro por uno de los personajes, Sami, para saludar a la protagonista.

**AQLLAWASI:** Nombre dado a "la casa de las doncellas del Sol", donde **se alojaban** y **trabajaban** desde niñas las mujeres vírgenes que **se dedicaban** a elaborar la ropa de la pareja real. También **preparaban** tareas relacionadas con las fiestas sagradas, como la comida para la familia real.

**AMAUTA:** Nombre dado a los maestros, sabios, poetas y filósofos, entre los incas.

**AUCA:** Es el nombre de uno de los primeros cuatro hermanos que **salieron** en busca de una tierra más fértil y **llegaron** adonde hoy se encuentra Cuzco.

**AUQUI:** Infante o hijo segundo de los reyes.

## B

## C

**CACHI:** Es el nombre de uno de los primeros cuatro hermanos que **salieron** en busca de una tierra más fértil y **llegaron** adonde hoy se encuentra Cuzco.

**CHIMPU:** Nombre propio de uno de los personajes femeninos del libro: la ñusta Chimpu Ocllo.

**COLCAMPATA:** Nombre del barrio norte de la ciudad, debajo de la fortaleza de Sacsahuamán. En él **estaban** las terrazas dedicadas al cultivo de los alimentos de la familia real.

**CORICANCHA:** Nombre dado al templo dedicado al dios Sol.

**COYA:** Reina o emperatriz.

**CUSI:** Alegre.

**CUSIPATA:** Una de las plazas del antiguo Cuzco incaico.

**CUZCO:** Nombre de la capital del Imperio inca. Literalmente "ombligo del mundo".

## D / E / F / G

## H

**HUAYNA CÁPAC:** Nombre del rey de los incas que aparece en el libro, contemporáneo de la llegada de los primeros españoles a las costas de Perú. Sus hijos Huáscar y Atahuallpa **se enfrentaron** en una guerra civil en la que **participaron** los primeros españoles. Esta guerra **significó** el final del Imperio inca.

**HUALLPA:** Literalmente "tierra". Nombre propio inca.

## I

**ILLAPA:** Literalmente "rayo".

**ILLARI SISA:** Literalmente "flor del amanecer".

**INCA:** Literalmente "rey".

**INTI RAIMI:** Fiesta mayor de los incas, dedicada a su dios el Sol, que **se celebraba** en el solsticio de verano.

## J

## K

**KUYAY:** Nombre inca dado en el libro a la madre de la protagonista, que significa "amor".

## L

## LL

**LLAMA:** Animal doméstico de los pueblos andinos.

## M

**MANCO:** Es el nombre de uno de los primeros cuatro hermanos que **salieron** en busca de una tierra más fértil y **llegaron** adonde hoy se encuentra Cuzco. Es el nombre de su mítico fundador, el primer rey inca, Manco Cápac.

**MAYPI CANGUI, MAYPI CANGUI, YAYA:** Es la frase que la protagonista escucha de Huayna Cápac en el templo del Sol. Significa: "¿dónde estás, dónde estás, padre?".

**MITA:** Trabajo colectivo en que **debían** participar todos los incas de edad adulta, como servicios a particulares o en beneficio de la comunidad y de la familia real.

**MÍTMAC:** Verbo que significa "extender". Los "mitimae" son grupos de familias separadas por los incas y trasladados de pueblos leales a conquistados y viceversa para cumplir funciones económicas, sociales, culturales, políticas y militares.

## N

**NINA:** Nombre inca de uno de los protagonistas femeninos del libro. Literalmente "fuego".

## Ñ

**ÑUSTA:** Doncella de sangre real.

## O

**OCLLO:** Nombre que indica una procedencia geográfica o social particular. En el libro forma parte del nombre de uno de los personajes femeninos: la ñusta Chimpu Ocllo.

## P

**PACARITAMBO:** Según el mito inca del origen, nombre dado a la cueva o gruta de donde **salieron** los cuatro hermanos que luego fundan la ciudad inca de Cuzco.

**PIRUA:** Lugar en el cual **se guardaba** la figura hecha de maíz, vestida con ropa de mujer, que **representaba** a la divinidad protectora del maíz.

## Q

**QUIPU:** Literalmente "nudo". Sistema altamente complejo de contabilidad mediante cuerdas de diferentes colores y nudos diferentes, con que los incas **llevaban** la contabilidad de cada población del imperio.

## R

## S

**SACSAHUAMÁN:** Nombre de la fortaleza inca situada en el cerro norte de Cuzco.

**SAMI:** Nombre del chico inca que acompaña a la protagonista del libro en su búsqueda por el Cuzco inca. Literalmente "feliz".

**SAPA:** Adjetivo que acompaña al sustantivo 'inca'. "Sapa Inca" significa "único señor".

**SISAY:** Nombre inca de la protagonista, que significa "flor".

## T

**TITICACA:** Nombre del lago en donde **nacieron** los primeros hombres, según el mito inca del origen del mundo. Literalmente "sierra de plomo".

**TAHUANTINSUYO:** "Reino de las cuatro provincias". Nombre dado al conjunto de territorios que **formaban** el Imperio inca.

**TUMI PAMPA:** Nombre genérico de la descendencia del rey Huayna Cápac.

**TÚPAC:** Literalmente "el que resplandece".

## U

**UCHU:** Es el nombre de uno de los primeros cuatro hermanos que **salieron** en busca de una tierra más fértil y **llegaron** adonde hoy se encuentra Cuzco.

## V

**VIRACOCHA:** Literalmente "espuma de mar". Nombre del dios creador de los incas.

## W / X / Y

## Z

**ZARAMAMA:** Nombre dado a la divinidad protectora del maíz.

# Títulos disponibles

## Gominola Roja:

**El castillo alfabético.** Pedro Tena
ISBN Lectura: 978-84-89756-68-7
ISBN Lectura con CD: 978-84-9848-332-1

**Perla y Phuong (Una aventura asiática).** Rosa Ortí
ISBN Lectura: 978-84-95986-81-8
ISBN Lectura con CD: 978-84-9848-333-8

**S de safari (El safari de Dani).** Francesc Lucio
ISBN Lectura: 978-84-95986-97-9
ISBN Lectura con CD: 978-84-9848-334-5

## Gominola Naranja:

**Aula mágica.** Mercedes Ferrer y Paloma Frattasi
ISBN Lectura: 978-84-95986-30-6
ISBN Lectura con CD: 978-84-9848-335-2

**Viaje al corazón de la selva.** Raquel Lorente y Rubén Martínez
ISBN Lectura: 978-84-9848-149-5
ISBN Lectura con CD: 978-84-9848-336-9

**Un viaje sorpresa.** Ana María Henríquez
ISBN Lectura: 978-84-9848-085-6
ISBN Lectura con CD: 978-84-9848-337-6

**Enigma en el laberinto de maiz.** Rosa María García Muñoz
ISBN Lectura: 978-84-9848-409-0
ISBN Lectura con CD: 978-84-9848-416-8

**El sueño del inca.** Francisco Hernández Salmerón
ISBN Lectura: 978-84-9848-810-4
ISBN Lectura con CD: 978-84-9848-811-1

## Gominola Azul:

**El mensaje secreto.** Valentina de Antonio
ISBN Lectura: 978-84-95986-11-5
ISBN Lectura con CD: 978-84-9848-339-0

**Aquí hay gato encerrado.** Roser Noguera y Vijaya Venkataraman
ISBN Lectura: 978-84-95986-62-7
ISBN Lectura con CD: 978-84-9848-338-3

## Gominola Verde:

**El secreto de la pirámide.** Alberto Madrona
ISBN Lectura: 978-84-95986-34-4
ISBN Lectura con CD: 978-84-9848-340-6

**Carta en una botella.** María Jesús Varela
ISBN Lectura: 978-84-9848-037-5
ISBN Lectura con CD: 978-84-9848-341-3

### Claves de color para Gominola Naranja:

**Amarillo:** vocabulario complejo.
**Azul:** estructuras con pretérito perfecto de indicativo.
**Rojo:** palabras o estructuras del tema objeto de novelización.
**Rosa fuerte:** expresiones coloquiales y estructuras con pretérito imperfecto. Imperativo.
**Verde:** estructuras con pretérito indefinido.